우듬지

정동재
시 집

우듬지

좋은땅

차례

낡아가는 것 일수록 따듯하다	··· 8
초행 길	··· 9
창문 너머	··· 10
항해시대	··· 12
철길 위로 흐르는 강	··· 13
세월의 바다	··· 14
흐린 날 이야기	··· 15
촛불 끄기	··· 16
가람마트에서	··· 18
새, 멀미를 하다	··· 19
두꺼비 집	··· 20
들판에 바람 날리다	··· 21
결핍증의 나날	··· 22
고사목 단상	··· 23
벅수	··· 24
방향 상실	··· 25
봄볕을 추모하다	··· 26
방房이야기	··· 27

고개 숙이다	… 28
이패리 정미소를 지나며	… 29
야수시대野獸時代	… 30
허방	… 31
폐선을 추모하며	… 32
는개, 어둠에게 자리를 넘기다	… 33
퇴고	… 34
막대사탕	… 35
어느 허기진 날	… 36
어느 이야기	… 37
그런 저런 하루 이야기	… 38
불혹지년不惑之年	… 39
서랍 속에서 벌어지는 황당한 일	… 40
C여사의 독백	… 41
잊혀지지 않은 것처럼	… 42
숲, 겨울 살을 맞대다	… 43
개화開花	… 44
민둥산 발치에 서서	… 45

첫사랑 향기	… 46
가을 그 밑에서	… 48
사연	… 49
강가에서	… 50
창 밖 풍경 1	… 51
폭주족, 산정山頂에 오르다	… 52
시월이 꽃처럼 흩날리다	… 53
버찌 떨어지다	… 54
봄을 천렵川獵하다	… 55
상사화	… 56
제비꽃	… 57
견지낚시	… 58
산보	… 59
상사화 2	… 60
산에서는	… 61
창 밖 풍경 2	… 62
창 밖 풍경 3	… 63
놀	… 64
가을 밤	… 65
창 밖 풍경 4	… 66
나이테를 펼쳐 보다	… 67
홍어	… 68

나는 사막을 탈출한 낙타다	⋯ 69
서울의 황혼	⋯ 70
열대야熱帶夜	⋯ 71
강변 풍경	⋯ 72
오솔길에서 꿈을 꾸다	⋯ 73
빈터에 남겨지는 것들	⋯ 74
너에게 말한다	⋯ 75
카페블랑에서	⋯ 76
질주를 멈추고 구름포에 안기다	⋯ 77
연	⋯ 78
임진강 노을은 붉다	⋯ 79
숲의 지문을 읽다	⋯ 80
미나리아재비 곁에서	⋯ 82
흔적	⋯ 83
탈출기脫出記	⋯ 84
우듬지 에필로그	⋯ 85

낡아가는 것 일수록 따듯하다

삶이 낡아간다
잎 장 사박대던 계절
번져가는 삶의 그림자들이 나플댄다
단꿈에서 깬 시간의 직선
팽팽한 긴장감도 따스하다
낡아가는 것 일수록 따스하다
잊혀서
잊혀가는
서러운 것들
눈빛이 고개 떨구고
말없는 약속만 환하다
오랜 기다림이야 있었겠지만
잊혀서
잊혀가는
서러운 것들
낡아가는 것 일수록 아름답다.

초행 길

숲 바람 일렁
파도를 틔운다
시선 한 자락
초록에 사로잡힌
어스름 낮 녘
뻐꾸기 울음 낮게 드리워
가는 길이 이렇게
아름다울 수야 있다면
홀로
산山 길인들 어떠랴
잔잔한 들녘
개망초 혼백이 나폴 나른다
딛는 발자국 마다 성긴
큰 행복이다.

창문 너머

오늘 하루는
무엇의 하루였나
얼룩진 창을 닦는다
투명 하나가 경계를 이루는
안과 밖의 자오선子午線
어차피 닦아 내야 할
하루였다면
쉼표 없이 삭제 하여라
허탕 친 또 하루가 잠이 들거든
분명 그것은 창밖에 일일뿐
말끔히 치워진
너를 나는 결벽이라 부른다
하지만 아직도
노을 번지는 창문 너머
곰삭은 어제의 하루가
대여섯 가닥 거미줄에 매달려
마른 낙엽 무덤 안에서
풍장*을 치루고 있다.

* 풍장(風葬): 시체를 한데 내버려 두어 비바람에 자연히 소멸되게 하는 원시적인 장사법

항해시대

창 밖 어둠
다 빠져 나간 빈 시간
문 열면 거친 바다
현관에 정박한
가녀린 쪽배 네 척
흔들리는 모습 본다
한 발짝 나아가다 보면
무거운 삶이 아름다운걸 알까
거친 바다
어찌 가녀린 쪽배를 띄우랴
가야할 바닷길 아름답기를
그래도
개인 날
고운 풍경이 좋다.

철길 위로 흐르는 강

아마도 이 길은 동해 바다로 향해 있으리라.
지네발 같은 앙상한 침목 위를 기차는
물처럼 흘러갔으리라

둥근 강심을 따라 도는 긴 여정
그 끝으로 어느 행복한 가족이 눈웃음처럼 뿌리고 간
조각 추억, 꽃처럼 피어올라선 기적 소리에 화들짝
놀란 가슴 쓸어내리며 강물에 넓은 파장을 울리고
강 밑 자갈밭에 깊은 상흔을 남겼으리라
겨울의 풍경이 강물에 긴 꼬리를 남길 때
동해행 기차는 홍조 띤 겨울 하늘 저편으로
빈 배처럼 흔들리며 갔으리라

오늘도 이 길 위엔 나룻배 없는 강물이 흐르리라
건널 수 없는 추억만 남기고

세월의 바다

군대선 넌 측지병測地兵이였다
포탄의 사격 지점을 온몸으로 측정해선
좌표를 만들어 내던 여린 병사
꿈결 같은 세월이 흘러 서른여덟 삶의 좌표에서
조난당한 난파선처럼 어디로 귀착할 수 없는
원점을 찾아 헤매다 멈춰 서 버린 시간의 패착 앞에
흐느적흐느적 바다로 향한다
하얗게 부서지는 포말 속으로 바다의 생동력이
잔잔하게 밀려와 가슴 가득 펼쳐 두었던
도판 가득히 코발트빛 측점을 찍고 잊혀져 사라졌던
경도와 위도의 그물망이 어느새 동해 바다에 펼쳐져
순항의 좌표를 구한다
태양은 길잡이가 되고 바람은 힘이 되어
서둘러 추스른 서른여덟 삶의 병사는 바다와 함께
긴 항해에 나선다
고동 소리 요란히 울리며 만선의 꿈을 꾸는
병사는 그제야 제 안으로 파고드는
가족의 웃음을 떠올릴 수 있었다
바다 같은 세월의 도판위에서

흐린 날 이야기

버스는 마른 시간을 밟으며
해질모루*로 떠났다
떠나야 할 건 네가 아니다
남겨진 것들
또 남겨져 있는 것들
애기똥풀 사이로 바람이 드리운다
기인 바람의 혀
무심한 풍경 핥으며
헤적이는 날
웃음 피어대는
는개 속 사로잡힌 하루

어디론가 떠나야 하는데
저 남겨져 있는 것들처럼
떠나야 하는데
어디로 가야하지

* 해질모루: 남양주 이패지역 일대의 지명

촛불 끄기
- 어느 한적한 생일날에

노老 시인은
호주머니 속에 詩를 넣고 다닌다.
예쁜 꽃잎 한 장
시리도록 차가운 술잔
첫 매미 울음소리,
흐린 연필로 흘러내린 메모지 한 장
시인의 가슴에는 무었을 품고 다닐까?
투명한 술잔 컵, 컵
그리고 코오피,
떨며 마실 술이 필요해

詩속으로 자리 잡은 순결자
詩속으로 자리 잡은 응시자
막막한 미소만이 나의 화답이다

또다시 가슴을 친다.
웅얼대던 하루가 지고 있다.
당신은 나의 바람 부는 날*이다
당신은 나의 섭섭한 들꽃*이다.

* 시인의 시 제목

가람마트에서
- 달팽이의 우화

집 잃은 달팽이 한 마리 술에 취해 비틀거리며
밤 깊은 슈퍼마켓으로 갈之자로 걸어 들어왔다
검은 레인코트처럼 외로움을 곧추 세우고
제 갈길 잃어버린 체 아파트 101동부터 106동까지
헤매다 제 갈 집을 찾지 못한 민달팽이 한 마리가
예서 제집을 팔란다
거북이가 놓고 간 등껍질도 없는데
달팽인 자꾸만 집을 내놓으란다
찬바람이 불어오자, 등 굽은 달빛이 비춰 오자
시선은 밖으로 향한다
눈빛이 달팽이 껍질처럼 나선형으로 변하다
자꾸만 자꾸만 맴을 돈다
맴도는 등엔 어느새 둥근 등껍질이 솟는다
그 무게에 움츠린 채 등껍질 속으로 조용히 걸어간다
그날 밤 사각 달팽이집엔 온통 별빛만 내리고

새, 멀미를 하다

어둠 사근이 내려앉은
창 밖
녹슨 새 한 마리 떨고 있다
낯선 청동 시대를
여린 깃털로
보듬어 안은 흔적
개구진 꿈이 흐른다
밤을 움켜쥔 나뭇가지
잔잔히 흔들린다
너의 하루
우주로 쏘아 올려지고 있다.

두꺼비 집

얄팍한 삶 무디어진 눈망울
안개비 내리는 오전
온 거리를 내딛다
빗줄기에 제 몸 젖은 줄 도 모르고
오른 거친 고갯길
꺼지지 않은 가로등 그 밑에 기대여
장승이 되고 말았다
길은 어느새 숱한 눈망울이 반짝이는
강이 되어 건널 수 없는 나룻배 한 척
물살에 흔들리고
더 나아갈 수 없는 더 물러설 수 없는
후미진 강에서 집을 짓는다
반짝이는 모래 알갱이 토닥토닥 손등을 친다
봄비는 기둥이 되고 꽃잎은 지붕이 되어
하얗게 묻은 손등의 그리움 털어
이마에 흐르는 땀 닦으며
장승처럼 굳은 사내의 눈망울
세월의 장막으로 만들어진 문을 열고 집 안으로 들어간다
거품 가득한 백마가 질풍처럼 덮쳐오는 모래톱

들판에 바람 날리다

들판 귀퉁이
막 갈아엎은 이랑 사이
달맞이꽃 노랗게
앙다문 입술
고랑 겹겹이
맹랑한 꽃 가득
풍물 울린다
느린 바람
지는 노을
흔들리는 들녘
새초롬히 오후가 눈 감는다.

결핍증의 나날

비상을 꿈꾸고 있는
날개 접은 물잠자리
녹슨 푸념들
베어져 스러진 들판 가득
할퀸 자국 아련하다

한 아름 펼쳐진 별 빛
아우성 자욱한 곳에
시詩 한 포기 없다
점점 녹슬어 가는 침묵만
헤매고 있는

고사목 단상

피지 못할
세월 멈췄다
바리바리 풀어 헤쳐
원추리 꽃잎 방울 맺혔다
장승같이 일어나
대지 위에 굳게
뿌리내린
시름꽃 한 그루

벅수*

변두리
검버섯 실눈 뜨는
삶을 살았다
기다림은 즐거움인 게야
궤도를 벗어난
버거운 바람 살며시
기억 속으로 곤두박질치는
일탈된 하루
굳게 서 있다.

* 벅수: 장승의 우리말

방향 상실

너 누구니
누가 던진 꽃이니
늦바람 일렁이는 곳
우예 여기 있누
하루가 졸고 있는
후미진 변두리
서성이는 달빛
아무도 찾지 않는 언덕을 넘는다.

봄볕을 추모하다

봄볕
듬성듬성 하늘 볕
쏴아 하니 타고 넘는
무덤덤한 틈 사이
솜털 보송한
조막만한 계집애
총총히 지나간다
지친 어깨 흔들거리는
그림자 하나
흐릿한 기억
아름드리 나목으로 서
안으로 곤두박질치는
네 무관심을 할퀴고 있다.

방房이야기

팽팽한 전깃줄 틈을 따라
멈춰 섰다
서 너 갈피 넘기다만
네 모습 흔들려
무심히 버려진 몸짓
창에 기대 움 트고
똬리를 푼 뱀 시큰둥이 잠이 드는
때 묻은 시간
벚꽃 한 잎 헤적이다가
우주를 품에 안는다
빈 방 하나를 꿈꾸며
어둠을 엿보던 햇살 한 줌
빈 풍경 안에서 자박이
퇴적되고 있다.

고개 숙이다

장터
좌판에 줄지어 선
어족들 가물거리며 꺼져가는
눈빛을 본다
순간과 영원이 비켜가는
너는 무엇을 위한 물고기였니
얼음 무덤 안에서
멈춰가는 가슴 안
깊어지는 우물을 판다
지독한 삶의 향기 애처롭다
아픈 네 눈빛
자꾸만
뜨거운 마음이 간다.

이패리 정미소를 지나며

한 톨 꽃부리였지

하루를 피우겠다는
정념
마알갛게 흩어져
속살 하얗게 드리운
잊혀진 혼백
기웃 기웃 담을 넘는
개망초 사이
까불린 낟알 위로
붉은 하루가 떨며 진다.

야수시대 野獸時代

스친 풀잎인 양
떨며 누워 보았나

한 잔 목마름으로
하루를 채워 보았나

빈 배에 마주앉아 술을 마신다네
가슴이 식어 버린
배고픈 승냥이
가냘픈 이리였네
조각조각 뜨겁게 부서지는
넌 마른 낙엽
난 절망하는 시간
목메어 운 하루만으로도
충분히 행복하였네

넌 야수
난 황무지
별똥별 콘크리트 바다 속으로 떨어진다
하늘이 커엉 운다.

허방

시를 쓰다
깊은 나락에 빠져 들었다
죽방렴 에워싼다
흐르는 물결 막아서
꼼짝달싹 할 수 없다
지게작대기 꺼내
휘휘 휘 둘러본다
끝내는 헤어날 수 없음을 안다
금세
마른 침 삼킨다.

폐선을 추모하며

녹슨 사나이 댕그라니
개펄에 누워 있다
아무도 보아주는 이 없다
누구 하나
말 걸어 주었더라면
가슴에 내린 닻 거두었으리라
거친 파도 달려드는
항구의 좌판
붕장어 눈빛 싱겁다.

는개, 어둠에게 자리를 넘기다

저 숲은
보란 듯 가슴을 열고
저녁 안개 무던히 피웠다

흐린 기억이 흘러
황망한 비밀을 건져 놓는다
개울 넘어 손 흔드는
젖은 낙엽의 무상함 위로
뭍 별 내리는 밤이 오면
은근히 비켜서는 저 는개 속으로
또 얼마나 많은 시선들이
제 슬픔 묻으며 흔들리며 갔을까

흐린 차창에 무표정하게 쓴다
「방향상실」이라고

퇴고

하루를 빼 낸다
후드득 달력 한 장 뜯어낸다
갈가마귀 몰고 오는 어둠
자르고 깎는다
훌훌 널어놓는다
반짝
빛나는 아침
남은 건
곱디고운 시어하나
바람에 흔들린다.

막대사탕

햇살이 잠자는 대지를 두드리는 요란함에 눈꺼풀 무너져 내리는 춘곤증의 유혹 뱀 혓바닥처럼 날름거리는 몽상에 시달리다 어머니 유두 같은 사탕 하나 입으로 물었다. 알싸한 박하 향 두피 속으로 스며 들어와 잠든 뇌세포에 천둥 같은 전기 충격을 주고 개점휴업으로 탈진한 눈빛이 빛나 침입자인 내 육신을 취하는 반란이 시작되고 목마른 눈빛 게걸스럽게 사탕만 취한다 녹아 흐르는 단내는 아지랑이처럼 어머니 젖 내음처럼 자꾸만 손에 힘이 들어가게 하고 만지작만지작 애무하던 손엔 어느새 앙상한 갈비뼈

어느 허기진 날

모퉁이 돌아
투명 비닐 속 푸른 전단지 무심히 밀어 넣어
지금 방가방가 분식점으로 간다
동전 아홉 닢만큼 무게로
팔랑팔랑 허기져 허술한 삶들이
별들 사이를 거닐다
기원후 이천 육년
과거가 되어버린 미래 어디 쯤
퇴적 되어 있을 흔적을 캐내
미소 짓고 있을 일이다

순박한 여인네의 여린 향수鄕愁가
마른 낙엽처럼 매달려 웅크리고 있다
분식점 방가방가엔
그 만큼의 벽들이 기다리는
모퉁이 웅크리고 있는

어느 이야기

박새 곤줄박이
한 숨 돌리고 가는
어느 시인의 뜨락
낡은 장승 입을 벌렸다
누가 그 입속에 꽃을 심었을까
하늘 냄새가 난다
메밀꽃 흐드러지게 핀 가을
장다리꽃 나풀대는 그 봄
들꽃 입에 물고
육자배기 풀어 놓았다지요

느티나무 아래
시詩를 세기고 있는 중

그런 저런 하루 이야기

봄이 옷을 벗고
여름으로 가는 밤

김포 갱번가 어느 포구
밤이 화톳불 달굴 때
꽃잎 띄운 탁배기 한 사발위로
노 시인이 던진 한 마디
밤의 대지를 채운다

"졸렬한 성공보단 위대한 실패를……"

기댈 나무도
부빌 언덕 없어도
이제는 알 것 같다
두 손 살며시 바닥을 밀면
거뜬히 일어설 수 있음을

고단함에 뒤척이던 하루가
조용히 잠이든다

불혹지년 不惑之年

나이 사십에
갈 길은 멀다

아직도 무겁다

벗어 던져야할
나는 어딘가에
흔들리는
삶의 궤적

서랍 속에서 벌어지는 황당한 일

주름살 환하게 번진
낡은 흑백 사진 속
퇴적된 시간을 캐내본다

켜켜이 쌓인 행로의 지도 속을 헤매다 아직도 쌓이고 있는 저 먼지들의 속삼임을 내 속에 두어본다 옹골찬 웃음에 담긴 오르가즘이 몸을 떠는 고독한 맹수와 나무 한 그루 정지된 시간 속에서 너의 퇴적은 계속되고……

이제 막
새로운 진화가 시작되는
사진 한 장
무덤 속으로 곱게
뉘여 지고 있다.

C여사의 독백

다가올 가을 쓸쓸하지 않아 장롱 가득 넣어둔 추억 꺼내놓고 실타래처럼 엉겨 붙은 사연 하나하나 풀어내 구멍 난 사연들은 한 땀 한 땀 엮다보면 그렇게 하루는 썰물처럼 밀려가는걸 차곡차곡 개어서 포개놓고 앙금처럼 내린 묵은 찌꺼기 털어 내다보면 추억의 고리들 용수철 마냥 튀어 올라 한숨짓고 눈물짓고 웃음짓는 시간 가을은 쓸쓸하지 않아요 언제든 꺼내 볼 수 있는 장롱 속 묻혀있는 사연들이 있으니까 열고 닫고 닫고 열고 하루를 보내지 오늘도 잠들면 깊은 곳 문 활짝 열어젖혀 단풍 빛 사연 들을 쓰다듬고 있을 거야 누벼진 기억들이 수의처럼 휘어 감고 하얀 눈물 아름답게 몰락하는 행복한 슬픔이다 차가운 불빛이다 제발 오늘밤 오작교는 건너지마 부나방 날갯짓에 밤이 멍든다.

잊혀지지 않은 것처럼

자주 달개비 입술 열리는 날
보라색 꽃물
떨어지는 날
이제는 일어서고 싶다
떠나지 않은 것처럼
일어나고 싶다

잊혀지지 않은 것처럼
떠나고 싶다.

숲, 겨울 살을 맞대다

바람이 바람을 만나고
나무가 나무를 만나고
부서진 햇살 잔잔히
올무에 달려 박제된 시간과
작은 바람과
더 작은 바람과
부서져 반짝이는 열병과
가슴에 파랑이는 바람이
낙엽을 헤적거리는
무너진 시간의 지층에서
열반에든 싸나이 순정 하나
신발 끈을 조이고 있다.

개화開花

눈을 뜨렴

창밖 달 빛 다소곳한데
서툰 꿈속에서 헤맨들 뭐 하겠니
천둥 울어대던
앞산 뜨락
쏙독
쏙독
새 한 마리 몸을 숨기고
거칠었던 하루가 온전히
젖어 들었다 하더라도
선 꿈속에서 헤맨들 뭐 하겠니

뒷산 달그림자 불끈 일어서고
별 빛 잔잔하게 일렁이는 지금
사랑한 만큼
사랑할 만큼 살다
꽃잎 떨구더라도
눈을 뜨렴 아가야.

민둥산 발치에 서서

시들어 간다고 탓하지 마라
그만큼
추억해야할 기억이 많다는 뜻
갈바람에 흔들리는 뒷모습을 보면서
이젠 떠나야 할 시간인가 보다
석양볕 끌어안고
꽃향기 깔리는 고샅길 따라
따듯하게 피워낸 온기와
치열하게 사랑했던
사랑했던 만큼
흔적 남지지 않고 떠나야 하나보다
멀대같은 사내와
바람 같은 아낙이 부여잡은 손들이
지나간다
손금 마디마디에 새겨진 사랑이
발효되고 있는
삶의 그루터기에서
시든 시간만큼 긴 이별을 준비한다.

첫사랑 향기

붉게 안아주고 싶은
단풍그림자 아래에 서면
검붉은 옛 추억보단
유월, 감미롭던 치자꽃 향기
가슴에 찬다
산발한 봄바람
햇살 속에 일렁이고
백치처럼 창백한 향기
녹두산 허리춤에 하늘거리는
내 고향 남해가
시월, 단풍아래 서면
첫사랑
달콤한 치자꽃 향기가 되어 다가선다

아마도
함박눈 시리도록 흩날리던 날
굽은 허리 단장 짚고
먼길 떠나신 할머니
바람골 자갈밭가에 심어둔

그 나무 때문인가 보다
지금은 붉게 단풍들……

가을 그 밑에서

바람이지 않은 적이 있었던가
잡초처럼 모진 인생이 아닌 적이 있었던가
쇠무릎 범부채 인동초 어우러진
가을, 저 변방으로
불콰한 가슴 흔들거리며
폭죽처럼 터져 오르는
가을로
몸서리치며 가자
부질없이 가보는 거야
달은 경계를 넘어 떠나고
다시 바람은 일렁일 테지만
흔들리고 부딪치고 깨어진 경계선
좌우측 단면
모습하나 새겨 두고
나는
혹은 너는
바람이지 않은 적이 있었던가
잡초처럼 모진 인생이 아닌 적이 있었던가

사연

어느 여류<i>女流</i>가
철없이 일찍 핀 코스모스를 보고
노망났다 합디다

두 눈
동그랗게 뜬
그 꽃잎이
실실 웃더라니깐요

들판 헤적이는 가을이
흔들리며 옵니다.

강가에서

겨울은 알몸으로 일어서고
삭풍은 꺾어진 허리춤을 감싸 돈다
낙엽 주검 덮인 눈 위
동백꽃 목을 떨구는
소름 한줌 일으키며 진군나팔 불어 댄다
시간은 지난여름을 그리워하지만
촛농처럼 녹아내리는 저 무수한 눈송이 속
탱자나무 가시처럼 자꾸만 안으로 파고드는
대지 안의 기억 성긴 눈 속 죽순 오르듯
스믈스믈 기어 나오는 강가에 서서
은빛 각시붕어 남긴 궤적 따라
돌아 올 수 없는 강을 건넌 불꽃같던 사랑
사선처럼 내려 긋는다.

창 밖 풍경 1

털 복실 개 한 마리
헛다리짚었다
지구가 반 쯤 기운다
잠시 어질하다
툭툭 털고 일어나
히죽 웃고는 저 만치 줄행랑친다
벚꽃 흩날리는 걸 보니
별이 흐드러지게 피었나 보다
꽃잎 가득 우주를 감싼
일 없는 바람 한 줄기
무심히 흐른다.

폭주족, 산정山頂에 오르다

서설 퍼런 겨울 칼바람이 삼각산을 할퀴는 비명소리 산 아래 후미 진 계곡을 울린다 C여사 모진 발길질에 떠밀려 새벽이 채 열리기전 혈관의 진동이 발아래 흩어져 나뭇가지를 흔든다 올망졸망 모여든 새벽안개 거친 산행을 인도한다 턱 끝에 뿜어지는 숨소리만 요란한 발걸음 뒤로 수목에 어린 향기 새벽빛에 빛나는 깔딱고개에서 오가지도 못하는 바위가 되고 말았다

요란한 굉음으로 지나가는 폭주족 닮은 풍경 붉은 아침이 얼어붙었다.

시월이 꽃처럼 흩날리다

간밤에
왕왕거리던 바람
분칠하는 느티나무
이파리
다 먹어버렸다

배부른 바람 잠들어 있다

탱글탱글한 얼굴 하나
나무 아래 우수수
다비식을 준비한다
얼음 알갱이 몇 개
사리함속으로 담겨지겠지

지금은
겨울맞이 바겐세일 중

버찌 떨어지다

꽃잎 지면 이렇게
아픈 멍
내밀 준 몰랐어

자박자박 떨어져
기어이
눈물 서너 개
아로새겨 놓았지 뭐야

봄을 천렵川獵하다

강 물결 반짝이는 백사장 마름모 그물코에 사로잡혀 오도 가도 못하는 은빛 피라미 눈망울이 아리고 또 아려 몸살에 열병을 앓다 비처럼 낙화하는 벚꽃 잎에 온 몸이 멍이 들고 푸른 하늘만 봄바람에 출렁인다 천렵 길에 던진 투망은 둥근 원 무덤처럼 덮쳐 와 은빛 수의를 입은 사내는 붉은 매운탕의 제물이 되어 식도를 훑으며 넘어가고 흥이 오른 봄바람만 초여름으로 달려가는 사월의 강가 끝내 여름이 채 오기도 전에 강은 그 속내를 보이지 않았고
떠나야 할 봄만 강물에 녹아 그물 사이를 빠져나가고 불쌍한 사내만 그물코에 걸려 봄을 배웅해야만 했다 그날 밤 사내는 은빛 지느러미 등줄기에 솟아오르고 얼음처럼 차가운 비늘 온몸에 감싸며 물고기로 환생하는 아픔을 겪고 서울이라는 강을 유영하고 있다.

상사화

기다리다
목이 길어진 날
차라리 바람이나 될까
그립다 말 한마디 못하고
꽃이 되어 버릴까
그대 돌아와 발치에 선
낯선 꽃 발견하거든
기다림에 지친
분신이라
알아나 줄까.

제비꽃

님 가신 봄 들판
조그만 꽃 한 송이
조용히 무릎 꿇고
바라 보다
보라색 그리움
바람에 일렁이며
가슴으로 피는 꽃.

견지낚시

바늘 반짝인다
얼레 풀어
팽팽한 긴장감속 던져 넣는다
하늘빛이 곱다
보이지 않는 물밑
나그네가 마주 한다
가벼운 눈빛이 오갔으리라
푸드득 수면을 박차고
일어선다
쫓고 쫓기는 이
아직도 팽팽하다
그 참
힘 좋다.

산보

바다 쓸리는 소리
잔잔하다
기진맥진한 하현달
헛잔에 술이 취해
덕석* 풀어헤친 마당 위를 구른다
애꿎은 무덤 하나
씨익 웃는다
달빛 내려 누운 산 길
뻘기
긴 침묵 고개를 든다.

* 덕석: 벼 보리 등을 말리기 위해 만든 전통 깔판(멍석)

상사화 2

큰 집 형님 곱게 심어
건네 준 두 포기
응달진 발코니 저 만큼
밀쳐 두었더니
두 해가 지난 지금
파꽃 같은 둥근 생生을 피웠다
놀랍고 신기해 바라보다
아뿔싸
고목 인줄 알았던 가슴
꽃이 되고 말았다.

산에서는

산마루에 걸린 하루
초경을 치루다
산수유 빛 흔적 뒤로
숨어버린 계절
숲의 심장을 할퀴며
하얗게 흘러가요
겨울 빛 하루가
후드득 떨고 가는
어깨가 행복해요
발자국이 능선을 넘는다.

창 밖 풍경 2

쓰레기통 옆을 지나다
양은냄비에 채였다
비명소리 자욱하다가
소행성 하나 튀어 올랐다
남실바람 일렁여
발걸음 비틀 은하를 뛰어넘어
가로등 밖으로 사라진
검둥개 한 마리
세 다리로 우뚝 제 영역 자물쇠를 채우고 있다.

창 밖 풍경 3

여우비 한바탕 세수한
굴참나무
시원스레 흔들린다
세치 발바닥 총총
는개 속으로
가로지르는 창밖
무지개 꽃술
기지개를 키고 있다.

놀

바람이 할퀴고 간
선운사 숲 속
지난 봄 스러져간
동백꽃
붉디붉은 혼백
피칠 흥건히
하늘로 오른다
헝클어진 숲의 머리칼
기이한 웃음 흘리며
나부끼는 언덕 위
등 떠밀린 겨울이 서성대다
어둠 속으로 잠이든 다
아직 동백은 피지도 않았는데

가을 밤

어둠 하나
배롱나무 잎새 사이
지그시 내려앉았다
소쩍새 노래
촘촘히 부서져
꽃다지 콕콕 피아나
꿈꾸는 밤
배시시 웃는
우듬지 눈빛을 좇아
별빛 잘게 쏟아져

캉

건너 산을 울리고 있다.

창 밖 풍경 4

흐린 별빛 대 여섯
쓰다듬다
새벽녘
애꿎은 창만 닦는다
자귀나무
꽃술 보드랍게 맺혔다
햇살 한 줌
배시시 웃는다.

나이테를 펼쳐 보다

바람에 기대어 선다
막상,
허공에 날리는 건 네가 아니다
힘없이 바스락거리는
버려진 추억일 게다
몇 날 며칠을
무덤 속에 품고 있어야만 했을
화석化石 무더기들일게다
석양이 아름답구나
치열한 하루를 보냈기 때문이지
가자 형장으로
햇살 지는 어둠 속
빈잔

홍어

그 날
침몰하던 하루
알맞게 삭고 있다
틈도 없이 짜여진
빌딩 숲 속
햇살은 소리 없이
사내를 불러 모으고
무수한 기억의 낙진
수북이 쌓인 벤치
또 하루가 몰락하고

넓은 날개 펄럭이는
선어鮮魚하루를 곰삭히고 있다

나는 사막을 탈출한 낙타다

한 모금 바다를 마신다

- 등 굽은 사막 별이 진눈깨비처럼 내린다 산책길 메고 가야 할 무게 차곡차곡 쌓여 간다 방황하는 눈빛 파르라니 매달려 우는 목어木魚 눈물 커엉 토해 내 야금야금 흘러간다 도무지 알 수 없는 곳 기어이 걸어가야 할 사막 발자국 가득 채워가는 상실의 땅 한 잎 낙엽마저도 쓸쓸한 노랠 부른다 목이 메이는 멍든 눈동자 가물가물 꿈을 꾸는 황무지여

젓가락 가득 바다를 집었다
쓸쓸히 해체된 날 마신다
마지못해
어둠이 저물고 있다.

서울의 황혼

하루를 돌아보는 시간
삼각산 하늘 위 붉다
황혼의 설레임 서편으로 내리고
붉은 어혈 산 어귀에 뿌리면
세상은 동시에 빛을 잃는다
인공 빛을 세상에 쏟아 낸다
밤은 밤다워야 하지만
도시의 밤은 밤이 아니다
새로운 혼돈이 도시를 흔들고
노을이 지면 별빛도 잠이 든다
도시의 하늘에 노을이 지면
하루를 조용히 내리고 싶던 마음
검은 하늘 저편으로 묻히고 만다
흑백 필름처럼 내려앉는 창밖의 침묵
서로를 품어 안고 안개처럼 날린다.

열대야熱帶夜
  - 소금강 계곡에서

지친 숲
태양을 끄고
조용히 하루를 마치면
바다는 불꽃놀이처럼
산화 한다
흩어진 바다
창백한 만월을 순산하는
해당화
붉게 타는 꽃잎 진다
그렇게
목 베인 정념
반딧불 불빛 따라
소류지속으로
걸어간다.

강변 풍경

김밥 두 줄 청포도 사탕 두어 개
작은 설레임 배낭에 넣고
물안개 피어나는 새벽
북한강 강변을 걷는다

두물머리* 늙은 느티나무
잠이 들깬 눈 부비며
기지개 펴면
놀란 오리 떼 홰를 치며 나르고
잔잔한 수면 가득 피어 오는 햇살

태양이 패트리어트 미사일처럼
대지에 꽂히고

이른 아침
물거울에 비치는 산하의 모습
그리고 풍경

* 두물머리: 북한강과 남한강이 합수하여 만나는 곳의 지명

오솔길에서 꿈을 꾸다

능선 헤이는 안개
넘나들다
한 계절 조붓이 걷고 있다
물봉선 앉아 피는 산마루
먹장구름 흩어져 가고
지금은 적막강산이다
무심한 침묵으로 앉아
꽃무릇 무릇 무릇
꽃길 흐드러진 곳에
기척 없이 달은 떠오르는구나
쑥부쟁이 창백한 그루터기 옆
달빛이 뒹군다

하얗게 깨어나는 꽃잎
기지개를 켜고 있다.

빈터에 남겨지는 것들

비 내리는 창밖
달맞이꽃 봉오리
가볍게 흔들리는
빈자리 쓸쓸하다
추억 성긴 텃밭에
자취 버려두고 사라져 가는 뒷모습
바람난 시詩의
모호한 눈빛이 일렁인다
조각난 삶의 눈동자
스치듯 지나간 것을 배웅하며
귀뚜라미 웃음소리
찌르륵
공중분해 되고 있다.

너에게 말한다

이만큼의 거리에서
홀로 고독해 본 적 있는가
바람 일렁이는
적막한 사이
좁지도 넓지도 않은
그만큼의 침묵
시린 손 부여잡은 낯선 이방인
녹슨 시간 잠든
그만큼 거리에서
기댈 수 없는 너
그리고 너
조각난 삶의 그림자
흔적 속에 남겨진
밤을 건너고 있다.

카페블랑에서

너의 삶은 어떠니

은백 머릿결이 묻는다
서글픈 바람 불 때나
여린 그리움 어지러운 날
잠든 시간 무너져
이저리 흩어진 날
코오피
또 한 잔의 코오피
참았던 시간만큼
시간만큼이나
뜨겁던 하루
넉넉한 미소가 묻는다

너의 삶은 어떠니?

질주를 멈추고 구름포에 안기다

수평의 바다가 품은 구름들을 본다
아직은 더운 바람이
낯설게 분다
잔파도에 깎인 오후
붉게 떨어지는 낙조를 밟고
구름포를 걷는다
해당화
석양을 따라 기울고
마침내
나의 질주는 끝났다
광속으로 달려온 하루도 멈췄다
고요는 너의 힘
그리운 것들을 품어주는 무언의 힘
무장 해제된 풍경이
하나 둘 별빛 깨우는 모습
바다가 손잡아주는
무언의 우정이다.

연

순한 바람만 불었으면 좋겠다

사이 바람은 매섭다
끈 하나 매달고 흔들리는 삶
흔적남아 쌓인 창 밖
바람이 조금 만 더 살가웠으면 좋겠다
십층 건물 바깥 벽
부서지는 햇살 속
매달린 네 가슴 흐르는
바람에 다 잃었다
하지만 킨터슐레의 선팅지를
꼬오옥 꼭 눌러야 하는
빌딩 이야기는 부서진 세월 속으로 날았다
순한 바람만 불었으면 좋으련만
기어이 생을 접어야할
불알 두 쪽만
지는 노을 부여잡고 흔들리고 있다.

임진강 노을은 붉다

수많은 시선들이
강물 속으로 던져진다.

화냥기 머금은 바람 산발 머릿결 날리며
황포나루 감싸 돌고
느린 강물 풍경 추억 속으로 흘러
숱한 사연 남기며
풍경 속으로 쌓여갔을
머슴아와 아낙들의 속삭임과
나그네새들의 몸짓이 물결 속 화석처럼
굳어져 갈 때
아련한 두 눈빛위로 붉게 물드는
풍경 하나가 떠오른다

고랑포 이야기가
붉게
번지고 있다.

숲의 지문을 읽다

건너 강
안개 채워진
행간을 헤매다
문득
저 황량한 겨울 산에 새겨진
숲의 지문을 느껴본다.

서로의 삶을
서로의 언어로
따스한 눈길의 인연이
퇴적되어가는
전신의 주름들이
한 세월 넘어가는 생의 굴곡인 듯
어둡고 어지러운
궤적만 남기는 이 불면의
시간에

지는 노을처럼 언젠가는
황홀하게 물들어 갈
저 숲에

기억 이라는 지문을 남기며
그리움
던져놓는…….

미나리아재비 곁에서

비 오는 날
어둠이 누웠다
건들바람 생을 마감하는 곳
곁에 앉아
흔들리다가
떨고 있다가
지금은 젖어
팬티까지 젖었지만
언제까지 젖은 삶은 아니라요
미나리아재비 곁 햇살 깨어나면
작은 간판 하나 세울래요
젖어 떨지 않았다
그냥 따스했다고

젖고 있다가
떨고 있다가

흔적

세상에 남긴 건
까치밥 두 개
햇살 영그는 오후
쓰윽
웃음이 고인다.

탈출기脫出記

하늘을 덮고 누웠다
고독한 별들
계곡소리에 감기운다
소류지 돌아
젖은 백사장
풀 한 포기 없는 사막이
간간이 흐르고
삶에서 튕겨져 나온
네명의 사내
말이없다
일상으로 돌아갈 슬픈 눈
검은 하늘에 남기는 저 무언無言

우듬지 에필로그

세상은 나에게 그리 너그럽지 못했다.
아니 내가 세상에 너그럽지 못했다는 것이 옳다.
적어도 詩(시)와 함께하기 前(전)까지는…….
부단한 삶 속에서 봇짐마저 무겁게 느끼며,
때론 마음이 가난했고,
때론 가슴이 차가웠고,
때론 대지에 성긴 발자국마저 냉정했다.
고단한 삶 속에서 詩(시)는 救援子(구원자)였으며,
詩(시)는 나의 宗敎(종교)였으며,
詩(시)는 나의 溫氣(온기)였다.
詩(시)는 나의 흔들리는 풀잎이었으며,
詩(시)는 나의 風景(풍경)이었다.
나는 세상에 대해 너그러움을, 온유함을,
가슴마다 따듯한 싱그러움을,
스치는 모든 것을 敬畏(경외)의 시선으로 바라볼 줄 안다.
하지만 아직도 등 뒤에 스러지는
저 무수한 아픔들을 애써 무시하고 살아가고 있는지도 모른다.
만나고, 헤어지고, 이루고, 부서지는 저 모든 것들이

어쩌면 시간이라는 애매한 思惟(사유)로
묻어 버리고 있는지도 모르겠다.
그것이 지금의 모습이자 내 詩(시)인 것이다.
아! 나의 詩(시)여
빗속에 자박대는 너!

퇴고할 때 다 버리고 뼈만 남기고 다 버려 보는 버릇이 있다. 그러다 보니 앙상한 문장에 황망함도 있지만 치장되지 않은 날렵함이 가볍고 좋다. 혹자는 호흡이 짧은 것이 아닌가 걱정도 해 주지만 온전히 뼈만 남은 시어들이 가슴에 던지는 무게감은 시적 자유를 만끽하게 한다. 어떨 땐 앙상한 시어에 살을 덧대고, 어떨 땐 앙상한 시어들이 시적 숙성을 즐기다 보면 짧지만 강렬하게 시적 만족감을 가슴에 새기기도 한다.

시는 언제나 머리보단 가슴에 있다. 첫눈에 반하듯 감성적 이끌림이 이미지의 전개로 가슴에 맺히고 그제야 이성적인 사고로 이성적인 이끌림으로 시를 느낀다고 생각한다.

시는 분석의 범위가 아니다. 시는 감성적으로 동화되

는 장르이다.

감정의 공유를 나누는 문장의 집합체이다. 시인이 시를 대하는 자세 중 하나일 것이다. 이는 공감과 위로의 문제이다.

신인상으로 데뷔 추천 시평에 풍경과 그리움보다는 삶의 열정이 담겨 있는 시 세계를 구사하라는 추천인의 일갈을 기억한다. 하지만 현실에 주어진 삶의 무게로 인해 상처투성이의 정신과 현실의 갈고리에 걸려 버린 길 잃은 방랑자의 시선만이 널브러진 시간을 걷다가 22년이 흘러 버린 지금에서야 용기를 내 본다.

피폐한 일상들이었지만 등단 후 첫 시집을 엮어 볼까 한다.

그 어떤 것에도 함몰되지 않고, 편향되지 않는 따스함으로 밀어내고 나가야 시인으로서 시적 자유로움과 발상의 생각을 단순화시키며 간들 건들 유유자적의 마음으로 삶의 속도에 맞춰 시적 발효를 지속하고자 한다.

이제 나도 내 시 개화開花의 첫 소절처럼 누군가에게 "눈을 떠 보렴"이라고 말하고 싶다. 흔들리는 시간을 딛고.

젖은 하루의 서툰 꿈을 지나 이 詩들 앞에 설 수 있게

하고 눈을 뜨게 해 주신 내 벗님네들 차홍렬 시인님, 박소연 시인, 이채영 시인, 그리고 늘 著著의 그리움 원천이자 싸나이 순정을 바친 혜화동 백작 윤강로 시인님 든든한 울타리였으며 영원한 떨림이었습니다. 감사합니다.

오랜 언약 속에 묵묵히 함께해 준 아내와 세상에 남긴 까치밥 2개 두 딸 사랑하고 고맙다.

등단 후 22년이 지난 지금에야 한 권의 우듬지를 내보내는 것에 대한 용기를 스스로 보듬어 칭찬해 보면서 더 큰 걸음을 시속에 내디뎌 나가는 날들을 꿈꿔 가면서 시를 향한 순간순간의 여정에 최선을 다해 가는 수많은 우듬지의 흔들림에 몸을 기대며
더 열심히,
더 가열차게,
더 진중하게,
사랑하면서 걸어가도록 하겠습니다. 함께 걸어가시죠!

우듬지

ⓒ 정동재, 2025

초판 1쇄 발행 2025년 8월 1일

지은이	정동재
펴낸이	이기봉
편집	좋은땅 편집팀
펴낸곳	도서출판 좋은땅
주소	서울특별시 마포구 양화로12길 26 지월드빌딩 (서교동 395-7)
전화	02)374-8616~7
팩스	02)374-8614
이메일	gworldbook@naver.com
홈페이지	www.g-world.co.kr

ISBN 979-11-388-4571-7 (03810)

- 가격은 뒤표지에 있습니다.
- 이 책은 저작권법에 의하여 보호를 받는 저작물이므로 무단 전재와 복제를 금합니다.
- 파본은 구입하신 서점에서 교환해 드립니다.